Este título incluido en **Nuestros Ilustres** —la serie de biografías de destacados personajes de los ámbitos de la ciencia, la cultura y la historia— pretende servir de soporte cultural y educativo, así como de **apoyo extracurricular a diversas asignaturas**, con el objetivo de promover el conocimiento, la investigación, la innovación, el talento y la divulgación. Cada título aproxima a los niños a un personaje cuya trayectoria ha contribuido significativamente al desarrollo y a la calidad de vida de nuestra sociedad.

Las biografías de **Nuestros Ilustres** forman parte de un proyecto impulsado por la **Fundación Acuorum Iberoamericana Canaria de Agua** en colaboración con **Canaragua, Aguas de Telde** y **Teidagua**. Han sido coordinadas y producidas bajo el sello de **Vegueta**.

Guía de lectura:
¿Deseas saber más sobre Néstor Martín-Fernández de la Torre y su época?

 Citas del protagonista   Información más detallada

Textos: Daniel Montesdeoca García y Sáenz
Ilustraciones: Unai Zoco
Diseño de la colección: Anna Bosch

Colección dirigida por Eva Moll de Alba

© de esta edición: Fundación Acuorum
Iberoamericana Canaria de Agua
Gabinete Literario. Plaza de Cairasco, 1
35002 Las Palmas de Gran Canaria
www.acuorum.com

Primera edición: febrero de 2024
ISBN: 978-84-18449-06-2
Depósito Legal: GC 607-2023
Impreso y encuadernado en España

 Cualquier forma de reproducción, distribución, comunicación pública o transformación de esta obra solo puede ser realizada con la autorización de sus titulares, salvo excepción prevista por la ley. Diríjase a CEDRO (Centro Español de Derechos Reprográficos) si necesita fotocopiar o escanear algún fragmento de esta obra (www.conlicencia.com; 91 702 19 70 / 93 272 04 45).

NUESTROS ILUSTRES

Néstor

Un pintor entre sueños

DANIEL MONTESDEOCA
UNAI ZOCO

Vegueta Infantil

Triana

Es uno de los barrios históricos del centro de Las Palmas de Gran Canaria. Considerado bien de interés cultural como conjunto histórico desde 1990.

Benito Lentini
(Sicilia, 1793 - Las Palmas de Gran Canaria, 1846)

Fue un pianista y compositor italiano que se afincó en Las Palmas de Gran Canaria. Responsable del pintado de fachadas, el adecentamiento de plazas y el aseo y ornato de la ciudad, su apellido da nombre a una de las calles del céntrico barrio de Triana.

Cierra los ojos. Imagina un lugar mágico donde se pueda fantasear con una isla de playas infinitas, donde la espuma de la playa de Las Canteras se cuela entre laberintos de conchas y cristalitos de verde olivino, que brillan como pequeñas joyas cuando el sol dorado baña la arena. Y, al llegar la noche, la luna se apodera de las aguas bañándolas de plata. Ahí nací yo, Néstor, el pintor del Mar y de la Tierra.

Corría un 7 de febrero de 1887 cuando abrí mis ojos al mundo en la soñolienta ciudad de Las Palmas de Gran Canaria. En aquella época, vivía en una gran casona de la calle Lentini, situada en el barrio comercial de Triana, que bullía en ajetreos. Por allí merodeaba mi nervioso padre, don Rafael, un señor serio, mayor que mi madre, doña Josefa, con la que se había casado tras quedarse viudo con dos hijos, Bernardo y Ana.

Con el tiempo vendrían seis más: Josefa, Rafael, Miguel, Dionisio, Sofía y María Dolores. ¡En total éramos nueve! Mis padres me profesaban una adoración casi sagrada, porque los entretenía organizando teatrillos y fiestas.

Cuando tenía seis años, mostré la necesidad de reflejar todo lo que me rodeaba. Dibujé los bailes de carnaval, ramilletes de flores y bodegones de zanahorias tan reales que parecía que si las mordías iban a crujir de verdad.

La locura se desataba cuando mi tío, el famoso barítono Néstor de la Torre, del que recibí su nombre, llegaba a casa. Con su voz grave nos dejaba la boca abierta, subiendo o bajando el tono como si se tratara de un tobogán de notas. Nos encantaban las historias que nos contaba de sus giras por las Américas, la Península o Italia; andanzas por países con ríos caudalosos y selvas espesas, o en ciudades de edificios tan bellos que arrebataban los sentidos, con esculturas de dimensiones titánicas que dominaban calles y plazas. ¡De esta manera alentaba nuestra imaginación de aventureros!

«Mi madre nos miraba atenta sin olvidar nuestra educación. Poco a poco, como un juego, nos introdujo en el amor hacia el teatro, la danza, la música y la lectura».

Néstor de la Torre Comminges
(Las Palmas de Gran Canaria, 1875 - Madrid, 1933)

Fue un cantante de ópera que utilizó el pseudónimo de Nestore Della Torre. Artista excepcional, de fama y prestigio internacionales, cosechó grandes éxitos a lo largo de su carrera operística.

Barítono

Barítono es un cantante con una voz masculina media. Sus agudos son más oscuros y viriles que los del tenor; y sus graves más ligeros y brillantes que los del bajo.

Eliseo Meifrén Roig
(Barcelona, 1859 - 1940)

Fue un pintor español, paisajista y marinista, es considerado uno de los primeros introductores del movimiento impresionista en Cataluña.

Marina

Se conoce como marina o pintura de marinas a cualquier forma de arte figurativo (pintura, dibujo, grabado y escultura) cuya inspiración principal es el mar.

Rafael Hidalgo de Caviedes
(Quesada, 1864 - Madrid, 1540)

Fue un pintor español que trabajó como restaurador del Museo Arqueológico Nacional y como conservador en el Museo Moderno.

Al poco tiempo, tuve la suerte de tener como profesor a Eliseo Meifrén, un gran pintor de origen catalán, especializado en paisajes y marinas que llegó a Gran Canaria en 1899.

Yo tenía solo doce años, pero conseguí imitarlo tan bien que al público le costó diferenciar nuestra pincelada entre las gaviotas que revoloteaban en cielos azulados y olas espumosas. Él fue el que disuadió a mis padres para que recibiera lecciones en Madrid. Doña Josefa, emocionada, no cabía de gozo. Papá dudaba. Algunos creían que ser artista no era una profesión seria.

Así pues, en 1902 estaba en Madrid estudiando con Rafael Hidalgo de Caviedes. Aunque estaba entusiasmado, fue una época dura. El dinero fue siempre un problema. Hasta tal punto que mi madre me enviaba a hurtadillas lo poco que ganaba haciendo sombreros para algunas conocidas suyas. Yo no era más que un muchacho de 15 años con el deseo irrefrenable de encontrar un hueco en el universo del arte.

Aún no era famoso, pero sabía que mi estilo comenzaría a asomar tímidamente en poco tiempo. Mientras tanto, pasaba los días en mi verdadera escuela, el Museo del Prado. En sus amplias salas copiaba a los grandes maestros: al castizo Goya, al majestuoso Velázquez, al místico Zurbarán, al angelical y dulce Murillo.

La capital me abrió los ojos al cosmos y lo hacía saber por cartas infladas de anécdotas a mis amigos de siempre, con los que compartí juegos y sueños desde el antiguo colegio de San Agustín, ubicado en el barrio Vegueta. Ellos tampoco lo sabían, pero se iban a convertir en grandes poetas. Saulo Torón, Alonso Quesada y Tomás Morales eran almas gemelas que veían la realidad con la belleza que solo da la literatura.

Museo del Prado

Situado en Madrid, es uno de los museos más importantes y visitados del mundo. En él se reúnen las mejores selecciones de pintura del Greco, Velázquez, Goya, Tiziano, el Bosco y Rubens, además de los extensos fondos de otros artistas, y valiosas obras de escultura, dibujo y artes decorativas.

Tomás Morales
(Villa de Moya, 1884 - Las Palmas de Gran Canaria, 1921)

Fue el máximo representante de la poesía canaria moderna y es considerado uno de los poetas más importantes de la literatura hispánica. Entre su obra destacan *Oda al Atlántico* y *Las Rosas de Hércules*.

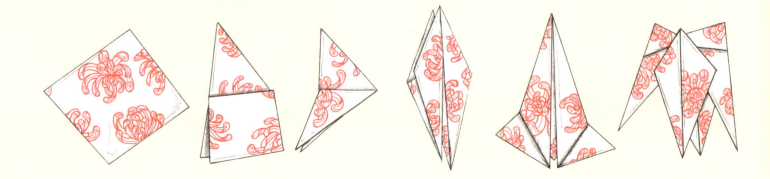

Hermandad Prerrafaelita

Los prerrafaelitas fueron un grupo de pintores y poetas que vivieron durante la época victoriana en Inglaterra. Fundada por William Holman Hunt, John Everett Millais y Dante Gabriel Rossetti en 1848, esta sociedad secreta buscaba volver al color, al detalle y a las composiciones anteriores al Renacimiento, al espíritu medieval y mítico del pasado, con una técnica realista que retaba las convenciones y daba a los personajes un aire mágico.

Imperio Británico

El Imperio británico, el mayor en extensión hasta la fecha, comprendió los dominios, colonias, protectorados y otros territorios gobernados o administrados por Reino Unido entre los siglos XVI y XX, hasta el año 1997.

Con la excusa de ver a mi medio hermano Bernardo me dirigí a Londres. Era 1904 y el Imperio Inglés se encontraba en pleno apogeo. En aquella ciudad agitada resonaban los ecos provenientes de la India, Hong Kong y África. Había una mezcla de culturas tan grande que me inspiró y emocionó, me hizo sentir una llama de emoción en el pecho.

Allí conocí a los pintores, poetas y críticos de arte de la Hermandad Prerrafaelita. Este encuentro me supuso apreciar el más hermoso repertorio de imágenes, en los que se escondían damas de rojizas melenas y de piel tan blanca como la porcelana. También pude disfrutar de caballeros de resplandeciente armadura y lagos que encerraban sortilegios. Solo había visto estos personajes y paisajes en ilustraciones de libros o revistas, casi siempre en blanco y negro. ¡Con ellos descubrí el manejo del color!

Al poco tiempo me instalé en Barcelona, donde Meifrén, mi antiguo profesor, me introdujo en los ambientes artísticos y bohemios de la ciudad. Conocí a tantas personas interesantes que la lista sería interminable: pintores, ilustradores, diseñadores, actrices, bailarinas, músicos, escritores, arquitectos, aristócratas y comerciantes. Aquí comencé a ser reconocido como un pintor de los que dicen modernista. Sin embargo, siempre me he reconocido bajo el signo del simbolismo.

Los artistas simbolistas vemos la realidad como si tuviéramos una lupa enorme ante nuestros ojos. No nos interesa lo real, sino la fantasía. Vemos donde los demás se pierden. Somos románticos que buscamos en las leyendas del pasado los sentimientos más intensos del ser humano: la muerte, la vida, la tristeza y el amor.

¡Fue una etapa tan intensa! En ella pude retratar el mar y a los enigmáticos seres que lo pueblan. Hacía un tiempo había pintado a dioses y ninfas, que como el gigantesco Hércules, muestran sus ojos encendidos por las llamas de un fuego eterno. En ese cuadro pude plasmar la leyenda en la que el gran semidios construye la tumba a su amada Pirene en forma de cordillera inmensa. Esas montañas son las que hoy conocemos como los Pirineos.

Simbolismo

Es la tendencia artística, nacida en Francia y Bélgica a finales del siglo XIX, que se vale de símbolos para buscar el conocimiento intelectual y la expresión conceptual. Los simbolistas entienden el mundo como un misterio y el arte como un sueño.

Modernismo

Hace referencia a una corriente de renovación artística que se desarrolló desde el siglo XIX hasta principios del XX, un periodo denominado *fin de siècle* y *belle époque*. Este movimiento pretendía representar una ruptura con los estilos dominantes de la época: el realismo y el impresionismo.

Teatro Pérez Galdós

Situado en el barrio de Vegueta e inaugurado en 1890, el Teatro Pérez Galdós, principal recinto teatral de Las Palmas de Gran Canaria, es la sede permanente del Festival Alfredo Kraus, uno de los festivales de ópera más importantes del mundo.

Miguel Martín-Fernández de la Torre
(Las Palmas de Gran Canaria, 1894 - 1980)

Fue una figura fundamental para la historia de la arquitectura española en el periodo racionalista. Como urbanista, fue el primero en proyectar de forma armónica el desarrollo de la «gran ciudad» de Las Palmas de Gran Canaria, bipolarizada entre el casco antiguo y la ciudad portuaria.

De Barcelona pasé a Madrid, donde muchas personas influyentes me arroparon. En 1920, expuse mis cuadros en lugares tan lejanos como Buenos Aires, La Habana, París o Venecia. Por fin se hablaba de mis creaciones en revistas y periódicos nacionales, al igual que fuera de nuestras fronteras, tanto en Francia como en Inglaterra o Estados Unidos.

Miguel fue mi gran apoyo. Más que un hermano, era mi confidente más leal. Los dos estábamos impregnados por el arte, por el ansia de conocimiento, por la belleza. Con él pude realizar muchos de mis sueños, como la decoración del interior del Teatro Pérez Galdós o la del Casino de Santa Cruz de Tenerife.

En el teatro pinté grandes guirnaldas repletas de frutas de encendido color, entre las que se entrecruzan cientos de loros con plumas del tono de la malaquita, de añil tan intenso como los zafiros de Ceylán.

No cabe duda que el gran empujón en mi carrera me lo ofrecieron los escritores Gregorio Martínez Sierra y su esposa, María de la O Lejárraga, al proponerle a don Manuel de Falla que me encargara diseñar los decorados y el vestuario para la obra de teatro *El Amor Brujo*, compuesto para la bailaora Pastora Imperio.

El estreno se produjo en el Teatro Lara de Madrid en 1915. La escenografía de telones, para los que resalté una maraña de cuerdas imitando los hilos de una telaraña, se adueñó de la imaginación del público. A un lado puse un cráneo sirviendo de candelabro para una solitaria vela. Con este efecto intentaba recrear una caverna oscura y tenebrosa, en la que la voz y el baile ahondaban en mostrar el sentimiento de brujería y hechizos que envuelven a la obra.

Manuel de Falla
(Cádiz, 1876 - Alta Gracia, 1946)

Fue uno de los compositores más importantes del siglo xx español, tanto por la difusión de sus obras como por la influencia de su trabajo en generaciones posteriores. Es también el principal representante de la llamada Generación de los Maestros, equivalente musical de la Generación del 98.

Pastora Imperio
(Sevilla, 1887 - Madrid, 1979)

Es el nombre artístico de Pastora Rojas Monje, bailaora sevillana y una de las figuras más representativas del folclore flamenco de todos los tiempos.

Residencia de Estudiantes

Desde su fundación en 1910, fue el primer centro cultural de España y uno de los foros de creación e intercambio científico y artístico más importantes de la Europa de entreguerras. El centro se creó en Madrid como un complemento intelectual a los estudios universitarios, ajeno a cualquier ideología política, religiosa o moral. Dalí, Buñuel, Lorca, Manuel de Falla, Unamuno, Ortega y Gasset, Juan Ramón Jiménez o Alberti, entre muchos otros, compartieron entre sus ilustres muros diálogos, creaciones y pensamientos, dando lugar a toda una revolución cultural en el siglo xx.

Gustavo Durán
(Barcelona, 1906 - Atenas, 1969)

Fue músico, poeta, cineasta, dandi, miliciano, comunista, militar, espía en Cuba y Argentina. Amigo de Lorca, Dalí y Buñuel, tras la Guerra Civil, en la que participó de forma activa, se exilió en Nueva York donde trabajó en el Museo de Arte Moderno. Más tarde, se mudó a Argentina para luchar contra el ascenso al poder de Perón. Nombrado funcionario de la ONU, fue denunciado como espía soviético en 1951 por el senador McCarthy. Tras una misión en el Congo Belga, fue nombrado embajador de la ONU en Grecia, donde falleció.

Si hubo un período en el que fui plenamente feliz, fue cuando conocí a unos jovencísimos e intrépidos artistas que vivían en la institución que llamaban la Residencia de Estudiantes.

Nunca supuse que lloraría por ellos mientras se desataba aquella locura entre hermanos. Quién iba a suponer que la Guerra Civil dinamitaría España tan profundamente. Unos nos abandonaron en manos de la muerte, exhalando el último aliento de vida con la brevedad de un suspiro, mientras que muchos otros partieron hacia el doloroso exilio, cruzando los mares hacia destinos inciertos.

Pero dejemos la tristeza por ahora, pues tuve la inmensa suerte de encontrar al que se convirtió en mi aliado inseparable, se llamaba Gustavo Durán. Era alto, rubio y tenía unos ojos tan azules que lucían como dos aguamarinas. Gustavo no dejaba indiferente a nadie. Hablaba muchos idiomas a la perfección: castellano, catalán, inglés, alemán y francés. Su figura elegante me dejó tan impresionado que siempre lo retraté con mirada inteligente, o levitando sobre el mar, mientras un enorme pez gallo nos acariciaba, indicándonos que no importaba la vida, sino lo que existe más allá de la muerte.

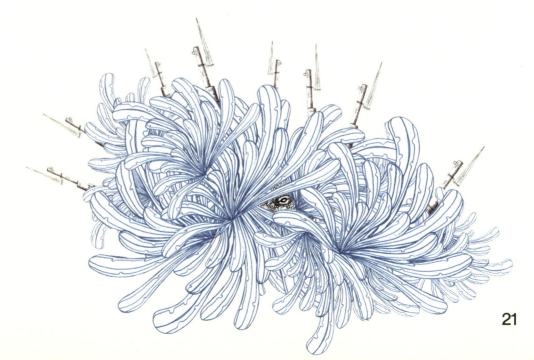

Gustavo me acompañó a vivir a París en 1928, donde hizo de secretario ayudándome en mis tareas. Todo lo apuntaba en un pequeño diario, registrando cuando tenía que visitar al peluquero, recibir tal o cual visita, o explicar a alguien los cuadros que pintaba. La ciudad era una verdadera vorágine de acontecimientos. Cines, teatros, cabarets, restaurantes y cafés competían por ofrecer la mejor oferta. ¡Fueron los años locos!

En todo ese tiempo no me dediqué solo a la pintura, también diseñé joyas, vestuario, escenografías, ilustré portadas de libros, decoré mansiones y tiendas, todo lo que pudiera dar rienda suelta a mi desbordada inventiva.

El tema que más he intentado reflejar en cada cuadro fue el amor, ya fuera en forma de un diosecillo a punto de lanzar sus flechas, como en *El Niño Arquero* (1913), o en el del fraternal afecto de dos niñas hacia su madre, plasmado en el retrato de *Madame Moss* (1931).

«Muchos son los cuadros que reflejan mi personalidad. Tal vez los que llevan por título *Epitalamio* o *Las Bodas del Príncipe Néstor* (1909) son los que mejor me representan porque en ellos represento que me estoy casando con las Artes, rodeado de una ambientación lujosísima, en la que destacan las ricas joyas y telas. En este lienzo se puede apreciar un rasgo que me distingue: los cuerpos humanos son una mezcla poco definida entre hombre y mujer».

«Uno pinta lo que a veces no sabe que lleva dentro. Venimos a buscar la belleza y, si la rozamos, aunque sea un instante, todo tiene sentido. Mi vida se escribe buscando el rastro de la belleza en cada pincelada».

Poema del Atlántico

La colección Poema del Atlántico, realizada entre 1913 y 1924, está protagonizada por el mar. Las olas espumosas se mezclan con gigantescos monstruos acuáticos y figuras masculinas en una danza entre las fuerzas de la naturaleza y el ser humano.

También quise que el amor fuera la trama central en la obra *Berenice*, leyenda en la que se narra como la reina egipcia ofrece a los dioses su magnífica cabellera, con la condición de que protejan a su marido en la batalla.

Soy un soñador, no lo puedo remediar. Así que fantaseé con los seres que habitan más allá de la barrera de la playa de Las Canteras. Los dibujé en el Poema del Atlántico, una serie de ocho cuadros en los que los personajes cabalgan sobre peces multicolores de escamas irisdecentes. Las cuatro primeras pinturas están pensadas en las etapas del ser humano: la niñez, la juventud, la madurez y la vejez. Las cuatro pinturas siguientes, llamadas *Bejamar*, *Pleamar*, *Borrasca* y *Mar en reposo* representan el ánimo que nos perseguirá mientras vivamos en este planeta: unos días tranquilos y alegres, otros tristes, pero siempre sumidos en la paz que deparará la eternidad.

La serie de pinturas Poema de la Tierra, fue inspirada en el Parque Doramas, en el Jardín Botánico de Tenerife y en los barrancos de la isla de La Palma. Pensando en estos lugares, hice bocetos en los que reflejé tanto la flora canaria como otras que llegaron a nuestra tierra hace siglos. Ahí permanecen pintados dragos y cardones, capas de la reina y costillas de Adán, pándanos de Madagascar e higueras del Himalaya; al igual que las veraniegas pencas de tuneras de México, enfrentadas al frío invierno en forma de hielo. Entre esas plantas hay dos cuerpos entrelazados en un eterno abrazo, protegidos por el amor inmortal.

En 1934, tuve que volver de París a Gran Canaria. Mi amigo Gustavo se había marchado a Madrid para trabajar doblando películas en la productora de cine Paramount. La separación fue dura, aunque necesaria. Los dos emprendimos caminos opuestos, y yo quería volver a la isla.

Poema de la Tierra

En esta serie de cuadros es donde mejor se aprecia el rasgo definitorio del estilo de Néstor. Los hombres se feminizan, mientras que las mujeres parecen atletas masculinos. Esta identidad, al no reconocer los rasgos propios físicos de cada sexo, se entiende como androginia. Lo único que Néstor deseaba expresar era la abolición de la diferenciación por género. Para él, los hombres y mujeres son iguales ante la naturaleza y ante el amor.

Poemas de la Tierra y del Atlántico

Ambos «Poemas» poseen una particularidad casi mágica. Cada cuadro mide 126 × 126 cm. Si sumamos cada uno de esos dígitos, o sea 1+2+6, nos dará 9. Es el número de la nobleza del alma, al representar la tolerancia y la libertad del ser humano tanto física como espiritualmente. Es el que te susurra al oído que debes vivir la vida hasta el límite, aunque respetando a los que te rodean.

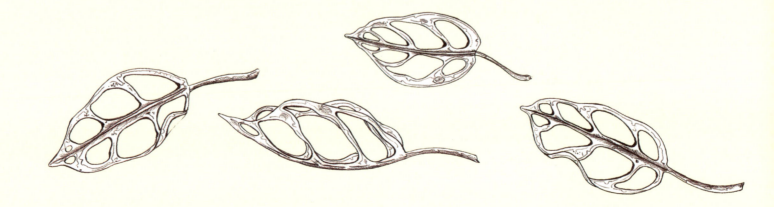

Crisis del 29

En apenas seis días, a finales de octubre de 1929, la Bolsa de Nueva York se hundió estrepitosa e inesperadamente hundiendo la economía de Estados Unidos. La Gran Depresión, pues así se la llamó, se extendió enseguida al resto del mundo con efectos devastadores para casi todos los países, cuyas tasas de desempleo y miseria alcanzaron niveles históricos.

Tipismo

Néstor fue el creador del llamado Tipismo, que trata de revalorizar las artes tradicionales canarias, adaptándolas a los nuevos gustos estéticos de la burguesía de las primeras décadas del siglo XX.

La situación financiera mundial, tras la crisis económica de 1929, nos pasó factura. Nadie me contrataba. Sin embargo, no me deprimí pensando en oscuros nubarrones, me puse como meta la creación de lo que en un futuro sería mi museo.

Estaba ilusionado, creí que lograría que nuestros paisanos se dieran cuenta del potencial turístico de la isla de Gran Canaria y del Archipiélago en general. Entonces pensé en darle forma en una campaña que denominé Tipismo.

Al poco tiempo, junto a mi hermano Miguel, diseñamos viviendas inspiradas en la tradición de la casa popular canaria. Por aquellos años, nos ilusionaban dos proyectos de gran impacto estético: el Albergue de Tejeda y el Pueblo Canario. Ambos se construirían a la manera de escenografías arquitectónicas encajadas en la naturaleza. ¡Desgraciadamente no los pude ver ni comenzados!

A todo aquel que quisiera oírme lo intentaba convencer de que nuestro mayor bien era el paisaje, que debíamos repoblar los montes, encalar edificios y llenar las carreteras de flores y frutales.

Pronto harán cien años de mis palabras. Vaticiné que el futuro de esta isla vendría por el sur, con la playa de Maspalomas como su mejor exponente. Hablé hasta la extenuación del cuidado del campo, de mantener la identidad de nuestro pueblo y de proteger el mar, las montañas y los barrancos.

Puedo asegurarles que mi vida fue una auténtica batalla, porque veía más allá del presente. Si planteaba un traje típico, me decían que era un disfraz. Si diseñaba un Pueblo Canario en Telde me ponían todas las trabas posibles. Si planeaba las primeras Cabalgatas de Reyes, me insultaban diciendo que no era el momento de gastar dineros en época de guerra. Cuando no era otra mi intención que dar a los niños la felicidad que le negaban sus mayores.

«Yo, que había recorrido tanto, conocía el potencial de esta tierra. Nuestras playas eran mejores que muchas de las que había visto en Europa. Ni Biarritz, ni Deauville serían competidores para esta dorada costa, salpicada de móviles dunas bañadas por los suaves rayos del sol».

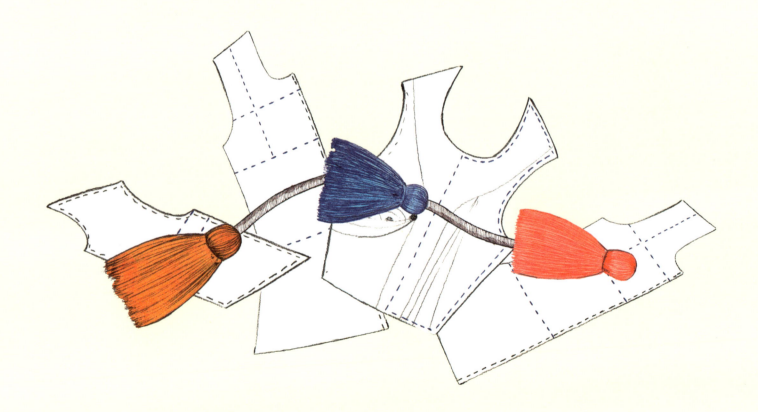

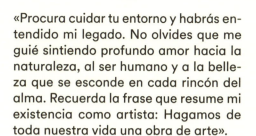

«Procura cuidar tu entorno y habrás entendido mi legado. No olvides que me guié sintiendo profundo amor hacia la naturaleza, al ser humano y a la belleza que se esconde en cada rincón del alma. Recuerda la frase que resume mi existencia como artista: Hagamos de toda nuestra vida una obra de arte».

Cabalgatas de Reyes

Las cabalgatas de Reyes Magos se celebran el día 5 de enero y tienen su origen en Alcoy, España, en 1866. Sin embargo, se desarrollan como las conocemos hoy en día a partir de 1918. Deben su celebración en Las Palmas de Gran Canaria a Néstor Martín-Fernández de la Torre.

La Cabalgata de Reyes y la última representación de la Fiesta Pascual de la isla fueron las que me llevaron a la tumba un seis de febrero. El ajetreo de los preparativos, disponiendo camellos y comitivas, me hicieron sudar más de la cuenta. La lluvia hizo el resto por medio de una neumonía incurable.

Fue un duro golpe para mi amada madre, uno del que nunca se recuperó, y por eso me acompañó al eterno sueño unos meses después. Los dos permanecemos unidos en el panteón que mi hermano Miguel construyó en el Cementerio de Las Palmas, cerca del mar. Desde allí vuelvo a oír su rumor incesante.

Me fui con 51 años sin concluir las metas que me había impuesto, pero partí satisfecho de haber vivido como soñé. No me abandones ahora, porque tú serás quien prosiga mi historia.

Anoche volví a fantasear con peces de mil colores. En un instante, en aquel torbellino de aguas agitadas, se detuvieron para susurrarme al oído que yo había sido el pintor del mar. ¡Me dejé llevar a la deriva! Pero no iba solo, pues me acompañaban miles de almas en busca de su destino. A nadie extrañó que fuera cubierto de salitre y óleo, de perlas y corales. La muerte nos guiaba hacia la luz de una nueva vida. ¡Partí como había nacido, siendo el pintor del amor y de los sueños!

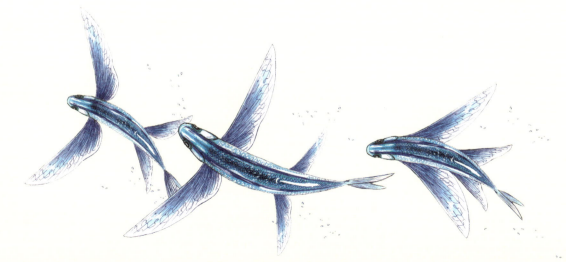

El protagonista

1887

El 7 de febrero nace Néstor en Las Palmas de Gran Canaria de la unión de don Rafael Martín-Fernández Tongue y doña Josefa de la Torre Cominges. Tenía ocho hermanos.

1904

Viaja a Londres para visitar a su medio hermano Bernardo. En la capital del Reino Unido conoce la pintura Prerrafaelita. Después visita diversas ciudades europeas donde está en contacto con corrientes artísticas como el modernismo y el simbolismo.

1910

Participa en el Pabellón Español de la Exposición Universal de Bruselas. Un tiempo después, sus obras serán expuestas en galerías de Buenos Aires, La Habana, París, Venecia y Nueva York.

Otros canarios ilustres

1534-1597
Padre Anchieta
Escritor, aventurero y defensor de los pueblos indígenas

1758-1824
Agustín de Betancourt
Un ingeniero universal

1843-1920
Benito Pérez Galdós
El narrador de un mundo

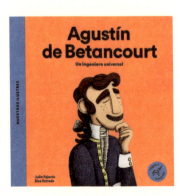
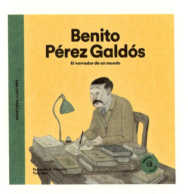

1932

Néstor se convierte en un artista muy polivalente y experimental como lo demuestran los murales que pinta para el Real Casino de Santa Cruz de Tenerife o la decoración interior del Teatro Pérez Galdós.

1934

Regresa definitivamente a Las Palmas. En este periodo trabaja intensamente en sus obras de arte, y empieza a promover entre el pueblo el cuidado del campo, del mar, de las montañas, de los barrancos y, sobre todo, de la identidad del pueblo canario.

1938

La apuesta artística de Néstor es tan profunda que incluso planea las primeras Cabalgatas de Reyes en Las Palmas de Gran Canaria. Fallece el 6 de febrero, a los 51 años.

1878-1945
Blas Cabrera
El gran físico amigo de Einstein

1883-1976
Mercedes Pinto
La escritora que abrió ventanas de colores

1907-2002
Josefina de la Torre
La muchacha isla

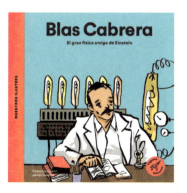